DISCOURS

PRONONCÉ A LA

DISTRIBUTION GÉNÉRALE DES PRIX DU LYCÉE D'ALGER

LE 27 JUILLET 1851

PAR

M. V. GUÉRIN

PROFESSEUR DE RHÉTORIQUE.

ALGER

TYPOGRAPHIE BASTIDE, PLACE DU GOUVERNEMENT

—

1851

DISCOURS

PRONONCÉ A LA

Distribution générale des Prix du Lycée d'Alger

LE 27 JUILLET 1851

———

JEUNES ÉLÈVES,

Appelé à l'honneur de parler en ce moment devant vous et en présence d'un si brillant auditoire, j'ai cru ne pouvoir choisir pour ce dernier entretien, un sujet qui fût plus digne de votre attention, que le parallèle de l'occupation de l'Afrique par les Romains et de la conquête de l'Algérie par la France. Ce rapprochement de deux grands faits, l'un depuis long-temps évanoui dans le passé, l'autre contemporain et plein d'avenir, ne sera pas, je l'espère, déplacé ici, dans cette ancienne caserne de janissaires, transformée en Lycée, et où, par une de ces vicissitudes humaines qui doit avoir son enseignemeut pour nous, l'étude a succédé à l'ignorance et la civilisation à la barbarie. Si la littérature et les sciences ont envahi cette demeure, et si cette même enceinte, où régnait il y a quelques années la force brutale et où l'on n'adorait guère d'autre Dieu que le cimeterre, est devenue depuis une arène pacifique où s'exercent les esprits et où se forment les cœurs à toutes les nobles idées et à tous les grands principes qui font vivre l'humanité, c'est grâce à la puissante épée de la France, épée invincible parce qu'elle est civilisatrice. Laissez-moi donc, Messieurs, du sein même de cette fête de famille et du milieu de ces palmes qui attendent les jeunes vainqueurs dans les paisibles combats du savoir et de l'intelligence, rendre en ce jour avec vous un solennel hommage aux trophées héroïques que nos braves soldats ont élevés à la gloire du nom français en Algérie et qu'ils ont tant de fois arrosés de leur sang. En comparant notre occupation à celle des Romains et notre politique à la leur, vous reconnaîtrez que nous n'avons nullement à incliner l'honneur de notre drapeau devant la majesté des aigles romaines, et que jamais conquête n'a été plus légitime ni plus providentielle que la nôtre.

Rome, avant de s'emparer de l'Afrique septentrionale, devait d'abord ruiner la puissance de Carthage, de même que nous ne pouvions nous ouvrir l'Algérie qu'en détruisant l'empire des Turcs et le gouvernement de la Régence. Mais Rome, en exterminant sa rivale n'écouta que son ambition ; Carthage, en effet, n'avait pas violé les conditions qui lui avaient été imposées après la bataille de Zama. Son seul crime, c'était sa prospérité renaissante, crime impardonnable pour Rome, qui se préparait à le lui faire expier si cruellement. Le fameux *delenda Carthago* du vieux Caton a retenti jusqu'à la postérité comme le cri éternel d'une haine farouche et d'une politique sans pitié. Sur un prétexte injuste, la troisième guerre punique fut entreprise. Vous en connaissez tous, Messieurs, le drame sanglant et plein d'horreurs. Vous savez comment, après un long siége, les Romains purent à leur gré se rassasier de carnage, et comment ensuite, par un indigne abus de la subtilité des termes de leur langue, ils renversèrent Carthage de fond en comble, en disant qu'ils avaient promis de conserver la cité et non pas la ville.

La France, au contraire, se montra patiente et magnanime à l'égard de la Régence d'Alger ; en outre, ce n'était pas seulement en son nom propre, c'était encore au nom de l'Europe et de la chrétienté tout entière qu'elle résolut la mémorable expédition de 1830. Son but était de délivrer la Méditerranée des pirates algériens qui l'infestaient, et d'abolir l'esclavage des Chrétiens sur les côtes de la Barbarie. Du haut de la colline où elle avait placé son nid insolent, Alger toute fière encore du grand désastre de Charles-Quint, semblait se pencher en quelque sorte sur les mers, comme un vautour aux ailes déployées. Plusieurs fois bombardée, jamais domptée, elle s'appelait toujours la guerrière, la bien gardée ; elle plongeait au loin son regard avide sur les flots, elle se disait : « La mer est à moi : les navires des Chrétiens sont ma proie. Malheur à ceux que surprendront mes corsaires ! malheur à ceux que la tempête jettera sur mes rivages ! » Et ces brigandages ont duré trois siècles, et pendant trois siècles, les bagnes de la Régence se sont remplis d'esclaves Chrétiens, et les vierges mêmes de l'Europe ont été partagées comme un vil butin entre d'infâmes janissaires. Cependant, bien que la France eût à venger tant de crimes, et en dernier lieu l'outrage fait à son représentant, elle offrit la paix avant de commencer les hostilités. Ce fut seulement quand elle vit que sa longanimité augmentait l'audace de ses ennemis et quand un nouveau et lâche attentat au droit des gens l'eût forcée de rompre les négociations, qu'elle fit un appel à l'intrépidité de ses soldats. Accourez-donc, nobles enfants de la France, ô vous les fils aînés du courage et de la civilisation : venez inaugurer sur la plage de Sidi-Ferruch et dans les plaines immortelles de Staouëli la grande œuvre de la régénération de l'Afrique. Cet avènement, Messieurs, d'une ère nouvelle pour l'Algérie, fut marqué de notre part encore plus par la clémence que par la victoire. Quelle ville, en effet, avait mérité un plus sévère châtiment qu'Alger, et quelle ville, quand elle eut succombé, fut traitée avec plus d'humanité? Tout fut respecté dans une cité où le premier spectacle qui s'offrit à nos troupes, lorsqu'elles y entrèrent, ce furent les têtes affreusement mutilées de ceux de nos soldats qui étaient tombés au pouvoir de l'ennemi.

Dans leurs guerres contre Jugurtha, la conduite des Romains fut de même, souvent perfide et impitoyable. Ainsi, quand Jugurtha eut enfermé l'armée d'Aulus et qu'il l'eut laissée aller sous la foi d'un traité, on se servit aussitôt contre lui des légions qu'il avait sauvées. Qui peut lire sans indignation dans Salluste, tous les autres moyens odieux qu'employèrent les consuls, pour se défaire de ce terrible Numide? Métellus, lui-même, renommé pour sa vertu, ne rougit pas de descendre jusqu'au crime et de tenter l'assassinat. Et lors de la négociation de Bocchus et de Sylla, quelle ne fut pas la mauvaise foi de la politique romaine! Trahi dans une entrevue solennelle, Jugurtha fut emmené à Rome, chargé de chaînes, avec le reste du butin; et ce prince, qui pendant sept ans avait fait trembler les aigles du Capitole, et qui, avec des troupes mal disciplinées, avait longtemps tenu en échec les meilleures armées et les plus fameux généraux de la République, fut livré aux outrages de la populace, et quand il eut orné de son ignominie le triomphe de Marius, il fut jeté dans un humide cachot où il expira dans les tortures de la faim. Je sais bien que lui-même ne connut guère ni la bonne foi ni la pitié, et je ne veux pas réhabiliter sa mémoire que trop de crimes souillent à mes yeux; mais Rome n'aurait pas dû l'imiter et se faire encore plus perfide que lui pour le vaincre.

Si maintenant je considère la politique dont on a usé envers Abd-el-Kader, je trouve qu'elle a été toujours franche et loyale : nous ne l'avons jamais combattu par la trahison ; nous pourrions plutôt nous reprocher d'avoir été trop généreux à son égard et de lui avoir fourni des armes contre nous par deux traités funestes à nos intérêts. A peine eut-on conclu avec l'émir la convention du 26 février 1834, qu'il fut sur le point de voir s'écrouler l'édifice encore fragile de sa puissance, et deux conspirations furent tramées contre son autorité et même contre ses jours. Qu'eussent fait les Romains dans de pareilles conjonctures ? Sans aucun doute, ils n'auraient pas tenu compte du traité, et ils se seraient ligués avec les compétiteurs de leur ennemi. Et nous, quoique sollicités par les circonstances, nous sommes restés fidèles à notre parole, et nos généraux ont dignement agi et ont bien mérité de la France, quand ils ont cru que rien ne pouvait excuser la déloyauté. Pour recommencer les hostilités, nous avons patiemment attendu que l'émir eût violé le premier les clauses du traité. Notre conduite a été la même après la convention de la Tafna. Depuis lors, la lutte que nous avons soutenue avec lui a été longue et acharnée. Comme il soulevait sans cesse les tribus contre nous, nous avons dû recourir, malgré nous, à un système de guerre qui répugnait à nos habitudes et à notre caractère ; mais il fallait bien frapper par quelque endroit notre insaisissable adversaire, et dans l'impossibilité d'engager jamais une affaire générale qui l'aurait écrasé d'un coup, force nous a été de ruiner successivement tous les alliés qui lui prêtaient un asile et un appui. Les razzias étaient une nécessité douloureuse, mais inévitable. Je ne vous déroulerai point ici, Messieurs, l'histoire des combats multipliés et partiels qui ont signalé cette formidable insurrection : ils sont présents à toutes les mémoires, et plusieurs de ceux qui m'écoutent en ont été les témoins et les acteurs. Remarquez seulement avec moi, à la gloire éternelle de la France, le contraste frappant que nous offre le dénouement de cette guerre avec celui de la révolte de Jugurtha. Le prince numide, surpris par la trahison, eut à Rome le sort que vous savez, et lorsque Abd-el-Kader, traqué de toutes parts et réduit aux abois, tombe enfin entre les mains de nos généraux, il est d'abord reçu en France dans le vieux palais de Henri IV, près de la gracieuse vallée de l'Adour ; puis on lui donne pour résidence le magnifique château d'Amboise, sur les bords enchantés de la Loire, dans le jardin même de la France. Sa famille tout entière est auprès de lui et les plus délicats égards lui sont prodigués. Voilà, Messieurs, la captivité que nous lui avons faite. Loin de l'avoir montré en spectacle au peuple comme Jugurtha et de l'avoir traîné dans les rues de la capitale pour insulter à sa défaite, on lui épargne même dans la belle solitude et sous les antiques ombrages où l'on a comme abrité sa chute sous la religion du mystère, l'indiscrète curiosité du touriste admirateur. Et cependant, Messieurs, Abd-el-Kader avait sur lui le sang d'un grand nombre de nos prisonniers qui criait vengeance ; il avait souvent rompu sa parole, et avec lui nous n'avions eu ni paix ni trève. Toutefois, quoiqu'il eût fait pleurer tant de mères, la France ne vit en lui, quand il se fut rendu, que son infortune et son génie, et elle égala sa générosité et sa clémence à la haine profonde et invincible que lui avait vouée le fils de Mahhy-ed-Din.

Bou-Maza n'est-il point un autre exemple éclatant de cette facilité qu'a la France à pardonner ?

Ainsi, la première remarque que l'on peut tirer de l'étude comparée des faits, c'est que la politique des Romains en Afrique, fut beaucoup moins juste et beaucoup moins généreuse que la nôtre.

J'observe en second lieu, qu'ils eurent à surmonter moins de difficultés que nous et qu'ils furent favorisés par des chances qui nous ont manqué ; je vais en signaler quelques-unes.

Ils eurent d'abord le bonheur de trouver en Afrique des alliés fidèles et tels qu'ils les pouvaient désirer : un allié belliqueux dans Massinissa, qui, pendant près d'un demi-siècle, harcela Carthage, et, à sa mort, la livra ainsi affaiblie à leur vengeance ; puis, après la ruine de cette ville, un allié pacifique et incapable d'inquiéter leurs nouvelles possessions, dans Micipsa, qui ne se regardant que comme l'humble vassal du peuple-roi, habitua ses fils et ses sujets à la domination de ceux dont il était lui-même le premier esclave ; plus tard, dans Juba II, qu'Auguste avait élevé à sa cour et façonné à l'obéissance, un prince habile et docile, qui pacifia pour eux la Numidie qu'avaient soulevée les violences et les exactions des proconsuls romains, et qui ensuite fut chargé d'accomplir la même mission dans les deux Mauritanies. De cette manière, les usages, les mœurs et le langage de Rome s'introduisirent insensiblement au milieu de ces peuples, et, sous Claude, les deux Mauritanies purent être sans crainte réunies définitivement à l'empire. A cette époque, toute l'Afrique septentrionale obéissait aux Romains, et il y avait déjà deux cents ans qu'ils avaient détruit Carthage. Ils ne se pressèrent donc pas (et ils le pouvaient impunément avec de tels alliés) de conquérir et d'occuper ces vastes régions ; mais ils laissèrent au temps et à la servilité des rois qui y végétaient à l'ombre de leur autorité, le soin de préparer les voies à l'entier assujettissement du pays. Observons, en outre, qu'ils s'avancèrent pas à pas de l'Est vers l'Ouest, c'est-à-dire de contrées moins barbares et moins farouches vers des contrées plus belliqueuses et plus difficiles à dompter. La soumission de la province Carthaginoise les aida à assujettir la Numidie, et la soumission de la Numidie à plier au joug les Mauritanies.

Nous n'avons point eu tous ces avantages en Algérie. Forcés de combattre d'abord vers l'Ouest, nous avons eu affaire, dès le principe, avec les populations les plus indomptables de la Régence. Sans connaissance aucune des localités, sans alliés, ou avec des alliés peu sûrs, il nous a fallu tout conquérir, et tout administrer par nous-mêmes. Si quelquefois nous avons essayé de remettre le soin de pacifier et de gouverner le pays à des chefs indigènes, vous n'ignorez pas que ces tentatives ont presque toujours complétement échoué, et qu'à chaque instant ils nous ont trahis. Lorsque nous avons chargé Abd-el-Kader d'administrer, au nom de la France, la province d'Oran, et, plus tard, celle de Tittery, et une partie même de celle d'Alger, nous espérions que, vassal soumis, il nous débarrasserait d'un fardeau accablant. Rappelez-vous combien notre attente a été cruellement déçue et combien vite notre allié est devenu notre plus redoutable ennemi. La guerre est née pour nous de la guerre, et, pour conserver les villes de la côte, nous avons été entraînés au-delà même de l'Atlas. C'est ainsi qu'une expédition en a toujours enfanté une autre, et que les difficultés allant chaque jour grandissant et exigeant partout en même temps notre présence, nos généraux et nos soldats ont dû se multiplier, en quelque sorte, afin de pouvoir faire face à tant d'obstacles.

Le plus terrible et le plus invincible de tous, ça été le fanatisme religieux, obstacle qui n'existait pas pour les Romains. En effet, Jugurtha n'était qu'un prince ambitieux qui défendit contre eux la Numidie, pour y établir sa propre souveraineté ; Abd-el-Kader voulait aussi régner et remplacer notre domination par la sienne ; mais à son titre de chef, il joignait celui de marabout, et la guerre qu'il faisait contre nous était, aux yeux des Arabes, une guerre sainte. C'est là ce qui explique l'ascendant immense qu'il exerçait sur les tribus, et la résistance acharnée qu'il a opposée à nos armes. Qu'est-ce qui a permis à Bou-Maza d'insurger si soudainement tout le district montagneux du Dahra, sinon le titre de chérif, qu'il avait usurpé, et la croyance aveugle qu'il avait su inspirer à ses partisans sur sa prétendue mission religieuse ? N'est-ce point toujours, et avant tout, au nom de Mahomet que tant d'autres chefs plus obscurs ont essayé et essaient encore de soulever les populations contre nous ? Du reste, Messieurs, ceci est devenu pour tous ceux qui m'écoutent une vérité tellement banale que je me garde bien d'y insister davantage ; je me borne à conclure que Abd-el-Kader, en se posant non-seulement comme le défenseur de l'indépendance africaine, mais encore, et surtout, comme l'Émir des Croyants, a pu trouver contre nous des ressources que Jugurtha ne possédait pas contre le Romains.

Enfin, quand les Romains eurent à combattre ce prince, ils occupaient déjà depuis longtemps la province carthaginoise et toutes les villes que Carthage avait fondées sur les côtes. S'ils n'étaient pas maîtres de l'intérieur, leur suprématie du moins y était reconnue. Plus tard, quand la révolte de Tacfarinas éclata, l'Afrique septentrionale tout entière leur appartenait, et ils l'avaient déjà semée de colonies et de municipes qui communiquaient ensemble et pouvaient se prêter un mutuel appui. Ces lignes intérieures de villes leur facilitaient les moyens de contenir les rebelles et de presser de toutes parts le chef de l'insurrection. Lorsque le maure Firmus, sous Valentinien 1er, osa se déclarer empereur et secouer le joug de Rome, le comte Théodose qui fut envoyé contre lui, put également resserrer ainsi le théâtre de la guerre, et bloquer étroitement son adversaire. Quant à nous, nous n'avions point alors de colonies intérieures, qui pussent offrir à nos troupes l'abri de leurs remparts, et qui jetées comme autant de camps avancés dans le pays, opposassent une barrière aux progrès de l'insurrection. La colonisation pour nous, date d'hier, vous le savez : elle s'essaie timidement dans les trois provinces, sans oser trop s'aventurer au-delà d'un certain rayon, et il faudra sans doute encore de longues années avant qu'elle ait pris réellement possession du sol.

La France, Messieurs, a donc rencontré en Afrique, plus d'obstacles que les Romains, et loin de s'étonner que nous ne soyons pas encore complètement maîtres de l'Algérie, il faut reconnaître que, si ce n'était pas la main de la Providence qui

nous eût conduits ici, il y a longtemps que nous aurions été re-
foulés aux côtes. En effet, Messieurs, la France elle-même
avait-elle d'abord une pleine et entière conscience de ce qu'elle
était destinée à accomplir en Afrique? Assurément non : elle
s'imaginait seulement qu'elle venait venger l'honneur de son
consul et de son pavillon, et purger la méditerranée du fléau
de la piraterie. Alger prise, ne l'a-t-on pas quelque temps
considérée, après 1830, comme un legs funeste et onéreux, et
comme un gouffre sans fond, où s'engloutissaient, en pure perte,
et nos hommes et nos millions? n'a-t-on pas même conseillé
un instant de l'abandonner? N'a-t-on pas souvent répété que
nos préoccupations d'Afrique nous empêchaient de jouer dans
l'Europe le rôle qui nous était réservé, et de pencher de tout
notre poids dans la balance des destinées des peuples? Y avait-
il un plan arrêté d'avance, ou plutôt n'y avait-il pas mille plans
différents qui se combattaient les uns les autres, et qui chan-
geaient sans cesse avec les hommes chargés de diriger les af-
faires? C'est à travers tant de fluctuations, tant d'incertitudes,
à travers aussi tant de systèmes opposés, que la conquête a
marché, qu'elle a brisé de proche en proche toutes les résis-
tances qui l'arrêtaient, et qu'après des phases et des péripéties
diverses, elle a fini par embrasser tout l'ancien territoire de la
Régence. Le plan providentiel s'est peu à peu dégagé des en-
traves qui l'embarrassaient, et il s'est nettement dessiné à tous
les regards; et s'il se trouve encore maintenant quelques voix,
qui, par habitude et par suite d'anciennes convictions que les
évènements auraient dû modifier, semblent maudire la possession de l'Algérie, elles sont couvertes par la voix unanime de la
France, qui a proclamé l'Algérie une terre à jamais française,
et qui commence déjà à la régir par ses propres lois. C'est que
laF rance, Messieurs, a compris que le premier but qu'elle
s'était d'abord proposé était trop mesquin pour elle, et qu'elle
n'avait pas assez servi la cause de sa propre gloire et de l'humanité, en se bornant à détruire la piraterie et à assurer le par-

cours de la Méditerranée, qu'une mission plus haute lui était confiée, et qu'elle devait, à la suite de ses armes, faire pénétrer et refleurir la civilisation sur une terre d'où elle semblait bannie pour toujours, et qu'on avait surnommée, à juste titre, la terre de la Barbarie. Pour accomplir cette œuvre, digne de la noble nation qui, plus qu'aucune autre, avait contribué peu auparavant à affranchir la Grèce du joug des Turcs, l'occupation limitée à quelques villes du littoral était un moyen tout-à-fait impuissant. Il fallait nous enfoncer à l'intérieur et rayonner en tout sens dans le pays. N'étions-nous pas éclairés par les efforts réitérés et toujours stériles des Espagnols, qui, pendant plusieurs siècles, avaient été bloqués dans les villes qu'ils possédaient sur les côtes, et qui enfin, de guerre lasse, après avoir sacrifié en vain tant d'hommes et tant d'argent, avaient déserté eux-mêmes Oran, la plus importante de leurs conquêtes? Ne sommes-nous pas encore éclairés, à l'heure qu'il est, par le triste état de celles de nos villes qui sont situées sur la lisière de la Kabylie? Ces villes, sans territoire et toujours menacées, ne sont-elles pas condamnées, par là, à une existence précaire, qui les empêche de prospérer et de s'agrandir? Et d'ailleurs, quand bien même nous aurions voulu nous restreindre à occuper quelques places du littoral, les évènements nous auraient forcé la main. La guerre n'a-t-elle point continuellement surgi d'elle-même sous nos pas, et l'insurrection, en s'étendant autour de nous, ne nous a-t-elle point contraints, pour la comprimer, d'élargir à chaque campagne le cercle de nos opérations? En un mot, s'il y a un homme à accuser de la progression toujours croissante de notre domination en Afrique, n'est-ce point Abd-El-Kader? n'est-ce point lui qui, en nous suscitant partout des ennemis, et en prêchant la guerre sainte d'un bout de l'Algérie à l'autre, nous a poussés toujours plus avant et nous a précipités en quelque sorte malgré nous, vers de nouvelles et incessantes conquêtes? Aussi, loin d'avoir à regretter les efforts que nous a coûtés cette longue lutte, nous devons, au contraire, au point de vue de la civilisation et de l'honneur de la France, nous en réjouir hautement. Car c'est grâce à cette lutte que nous avons pu battre en brèche les principales portes de la barbarie, et en ouvrir le seuil à toutes les idées régénératrices, que repoussait un fanatisme aveugle. Qu'on ne répête donc plus que la France a failli à ses intérêts, lorsqu'elle a cru devoir jeter tant d'hommes et tant de millions en Algérie. Je dis plus ; lors même que, dès le principe, nous aurions pu prévoir les difficultés presque insurmontables qui nous attendaient ici, les luttes acharnées que nous avons eu à soutenir, les combats sans nombre que nous avons livrés, le sang le plus pur de nos officiers et de nos soldats qui a été versé à flots, je ne parle pas des sommes énormes que l'Afrique nous dévore chaque année, nous aurions encore dû faire ce que nous avons fait, et entreprendre ce que nous avons entrepris; car la vie des peuples, comme celle des simples particuliers, se compose de devoirs à remplir, et plus un peuple est grand, plus ses devoirs sont grands aussi, plus la Providence lui impose de hautes et difficiles missions. Heureux les hommes qui ont reçu du ciel des rôles à remplir, qui exigent d'eux des sacrifices et du dévouement ! Heureuses également les nations à qui il en coûte pour réaliser les desseins de la Providence, et qu'elle semble choisir, par un conseil spécial, pour être les sentinelles avancées, et comme les missionnaires lointains de la civilisation des peuples ! Gloire donc à notre vaillante armée d'Algérie ! Gloire aux épées qui ont eu l'insigne honneur de préparer les voies aux conquêtes pacifiques de nos idées et de nos principes, et qui ont servi aussi à creuser les fondements de l'église renaissante d'Afrique ! Grande, Messieurs, doit être la joie du christianisme d'avoir pu remettre le pied sur une terre toute couverte encore de la poussière sacrée de ses martyrs, et où retentit toujours, comme un écho immortel, le souvenir de Saint-Augustin. Qui l'eût dit, il y a quelques années, que la croix, ce céleste emblème de la civilisation, se releverait un jour triomphante sur ces rivages inhospitaliers, et que la religion chrétienne y reparaîtrait, après tant de siècles, escortée de ses ministre set de ses sœurs de charité, divine ambassadrice de paix et d'alliance, également prête à bénir et le vainqueur et le vaincu, et n'aspirant qu'à semer sur son passage ses consolations et ses bienfaits ! De concert avec la religion, l'instruction doit chercher à se répandre et à dissiper peu à peu les ténèbres de l'ignorance qui obscurcissent ces contrées barbares. Tâchons d'attirer les indigènes dans nos écoles, et travaillons d'abord et avant tout, à la diffusion de notre langue ; car si nous devons apprendre l'arabe, nous devons encore faire plus d'efforts pour enseigner le français. Les Romains avaient pour système d'enraciner profondément leur langue dans les pays vaincus. Ils savaient par expérience, qu'un des liens les plus étroits qui puissent unir les peuples, c'est la communauté de langage. L'Algérie ne sera donc complètement française que lorsque notre langue aura été implantée au milieu des tribus, et qu'elle s'y sera comme naturalisée. Ah ! quand viendra le jour où les arts, les sciences et les lettres fleuriront sur cette terre d'Afrique, qui, du temps des Romains, a joui d'une civilisation si avancée ! Quand verra-t-on aussi Français, Arabes, Maures et Kabiles se donner tous une main fraternelle et amie, et l'Algérie devenir une seconde France, dotée des mêmes institutions et des mêmes lois, et éclairée seulement d'un autre soleil sur un autre continent ! Séparées l'une de l'autre par l'immense et beau lac de la Méditerranée, elles se rendent déjà de continuelles et incessantes visites à travers les flots qui les divisent, et elles se saluent d'un rivage à l'autre, en arborant le même drapeau.

Je me hâte, Messieurs, de terminer ; je crains même d'avoir fatigué trop longtemps votre attention ; cependant permettez-moi d'ajouter un seul mot : on dit, Messieurs, que la plaie de l'égoïsme commence à ronger la France ; on dit que les antiques vertus et tous les antiques dévouements qui l'avaient faite si grande disparaissent de jour en jour ; on dit qu'elle, aussi, comme d'autres célèbres nations de la terre, elle incline vers sa décadence. N'en croyez rien ; j'en atteste toute l'ardente jeunesse qui surabonde dans son sein, et pour qui la patrie et l'honneur national sont toujours chers et sacrés ; j'en atteste surtout les cent mille soldats qui sont morts pour elle en Algérie depuis vingt-un ans, et qui ont porté si héroïquement sa gloire et ses étendards jusqu'aux cîmes les plus hautes de l'Atlas, jusqu'aux oasis lointains du désert.

V. GUÉRIN,

Agrégé des classes supérieures des lettres, Professeur de Rhétorique au Lycée d'Alger.